AF210977

Gisela Krämer

Spiegel-Perspektiven

Zu den Sternen

Geschichten und Balladen

Lyrik und Prosa

Herstellung und Verlag:
BoD - Books on Demand, Norderstedt
ISBN: 9783756223428

Coverbild: © Grachikova Larisa,
Stockfoto-ID: 135723911

Erkennen und Akzeptieren
Suchen, Finden und Verlieren
Alles führt nur zu einem Ziel
Wieviel ist vielleicht zu viel?

Reduzierung auf das Wesentliche
Perspektivenwechsel im Innen
und Außen, in Dein und Mein

Das ist der Kern dieses Gedichtbandes.

Ich wünsche Ihnen Leichtigkeit und
Freude am Lesen und Nachdenken

Gisela Krämer

Muse

Du warst meine Muse
Inspiration und Traum
Es waren stille und konfuse
Gedanken im Raum

Musen kommen und Musen gehen
Manche gute Freunde sind
Kannst sie nicht hören und nicht sehen
Wenn der Musenzeit beginnt

Dort in meinem Musenkreis
Kreative Gedanken entstehen
Sind mal laut und sind mal leis'
Bleiben immer unbesehen

Muse bitte bleib bei mir
Ohne dich kann ich nicht
Ich hätte lieber ein Wir
Gemeinsam im Ideenlicht

Ich besteige den kreativen Baum
Höre auf den Gestaltungswind
Finde meinen eignen Raum
Wo auch immer Inspirationen sind

Ich spreche mit den Ideenfeen
Schaue das Fantasiegesicht
Kann das Ganze jetzt schon sehen
So schön und doch so schlicht

Meine Muse danke dir
Ich spüre du liegst richtig
Vertrauen hast du zu mir
Das allein ist wichtig

Ich brauche nur ein einziges Wort
Ein Gedanke füllt im Nu
Frage wird zur Antwort
Es gibt hier kein Tabu

Jetzt zeigst du dich als Freundin
Unsere Beziehung wird immer sein
Hab dich tief in mir drin
In diesem meinem Ideenhain

Kat`s Story

Ich ließ dich im Keller zurück
Ich ließ dir von meiner Seele ein Stück
Dachte damit halte ich die Verbindung
Nutzte es als Wahrheitsfindung

Im Herzen ahnte ich es schon
Ich bezahlte mir den Lohn
Aus meiner eigenen Tasche
Das war so meine Masche

Immer wenn du geschrien hast
Trug ich willig deine Last
Glaubte **meiner** wird leichter
Dieser Weg – nichts erreicht er

Ich wollte dich doch retten
Und fing an zu kletten
Je stärker du mich weggeschubst
Ich meine Nägel in dich grub

Mein Körper, meine Seele
Eng wurde meine Kehle
Kein Laut, kein Schrei, kein Ruf
Irgendeine Verbindung schuf

Ich werde mich verlieren
Innerlich erfrieren
Wenn ich dich nicht lassen kann
Ich fange heute damit an

Erinnerungen begleiten Trauer
Kälte und auch viele Schauer
Ich atme durch und atme tief
Lasse frei, was in mir schlief

Ich habe die Seele nicht verloren
Stehe frei vor neuen Toren
Liebe lässt die Seele wachsen
Ich drehe jetzt auf meinen Achsen

Ich bin die Mitte meiner Welt
Und dort hast du noch nie gefehlt
Ich habe den Seelenteil nicht verletzt
Existiere im Hier und Jetzt

See der Simulation

Was ist Leben wirklich
Kann es mir jemand sagen
Das allein bestimme ich
Vielleicht ist es Simulation
Ich habe so viele Fragen
Möchte Perfektion

Wer bestimmt Realität
kannst du es mir erklären
Was ist, was Liebe sät
Vielleicht ist es Fantasie
Und ich werde mich verzehren
Erreiche die Ziele nie

Ich werde das Spiel spielen
Nennt sich Leben und Sein
Doch angesichts der vielen
Wünsche und Hoffnungen
Werde ich ganz klein
Welt ohne Abbildungen

Der See der Simulation
Er wartet und liegt still
Enthält die Wahrheit schon
Die schwer zu erkennen
Glänzt wie Silber aus Mithril
Werde sie benennen

Es sind meine Namen
Es ist meine Welt
Ich setze meinen Rahmen
Ich bestimme meinen Sinn
In diesem meinen Weltenzelt
Und setze Schritte zu mir hin

Seelenalp

Den Verstand wird es mir rauben
Ich hör mein eigenes Schreien
Und kann es nicht glauben
Ich möchte mich befreien
Doch der Alp wird stärker
Wütender Berserker

Ich höre jemanden klagen
Ich höre Jammern und Weinen
Ich beginne mich zu fragen
Wird die Sonne wieder scheinen?
Ich kann den Kopf nicht heben
Scheint kein Leben zu geben

Das Frieren und Zittern
Das Klappern der Zähne
Die Seele wird splittern
Eine einsame Träne
Nichts wird übrigbleiben
Es wird mich zerreiben

Bin ich noch bei Verstand?
Wird es neue Tage geben
Wo ist nur die Wand
Ich will mich erheben
Hände tasten die Mauern
Wenn auch mit Schauern

Meine Augen sind verklebt
Mein Mund zusammengepresst
Mühsam Erinnertes gelebt
Alles getrieben und gestresst
Aber ich bekomme Luft
Erahne den heilenden Duft

Noch ein paar Schritte
Einfach weitergehen
Führen mich zu einer Mitte
Dann kann ich weitersehen
Ein wenig ausruhen
Nach den Unruhen

Was habe ich bloß getan
Hab mich aufgegeben für dich
War das dein Plan
Oder war es meiner für mich
Hab mich dabei verloren
Stehe vor den Toren

Ich allein hab die Burg gebaut
Hab die Mauern gezogen
Hab mich nicht mehr reingetraut
Zu lange abgewogen
Statt zu leben und zu sein
Dann wäre es jetzt mehr als Schein

Aber ich stehe jetzt
Auf meinen eigenen Beinen
Ein wenig wackelig und abgehetzt
Unsicher in Klarheit und Scheinen
Jeder Schritt geht leichter
Das Wasser wird seichter

Ein tiefer Atemzug
Die Kraft, sie kehrt zurück
Es war jetzt auch genug
Nur noch ein kleines Stück
Vor dem Spiegel bleibe ich stehen
Traue mich kaum hin zu sehen

Bin ich wirklich noch da
Ich riskiere hinzuschauen
Bin ich wirklich noch wahr
Kann ich mir vertrauen
Ich habe es in der Hand
Und finde meinen Stand

Langsam erwache ich aus dem Traum
Gefangen noch im trüben Licht
Entfalte mich im Tagesraum
Vergesse die Seelenflügel nicht
Ich wage ein Lächeln zu mir hin
Spüre, das ich lebendig bin

Königin

Komm mit mir
Königin der Nacht
Tanz das Leben
Spüre seine Macht

Lebendigkeit und Freude
In mir lacht die Königin
Leichtigkeit und Frieden
Vieles hat wohl seinen Sinn

Die Königin den König sucht
Mal hier und auch mal dort
Ich fürchte, es wird so nicht gehen
Der König spricht kein Wort

Vielleicht lieber Prinzessin sein
Die Pflicht ist nicht so groß
Spielend den Tag verbringen
Doch die Königin ist chancenlos

Tanz Königin tanz
Blicke die Welt recht mutig an
Beweg dich über Stock und Stein
Sag ich will und ich kann

Und siehe gleich bist du am Ziel
Die Königin im Licht
Es ist allein das Herz
Das die Wahrheit spricht

Es strecken sich zwei Hände
Ziehen sich in Bann
Es verbinden sich zwei Herzen
Die Frau und der Mann

Ein einziges Lächeln

Menschen ziehen an mir vorbei
Selten bleibt einer stehen
Flüchtige Blicke müde wie Blei
Können sie wirklich irgendwas sehen?

Vorbei vorbei, nur schnell dahin
Unstet die Menschen suchen
Wo bleibt da des Lebens-Sinn
Manche können es nur noch verfluchen

Schöne Kleidung haben sie an
Frisur und Makeup zurechtgemacht
Doch die Augen fragen mich: Wann
Haben wir zuletzt gelacht?

Ich würde sie gerne fragen
Hallo Frau, hallo Mann
Was hast du Furchtbares zu tragen
Dass du nicht mehr weisst, was ist da Dran

Soviel Hetze, soviel Eile
Nur schnell noch das hier ansehen
Doch wirst du finden immer nur Teile
Bleib doch endlich einmal stehen

Ich kann dich nicht wahrnehmen
Eile hinter dir her
Sehe keine Konturen, nur noch Schemen
Nicht weniger, sondern mehr

Endlich drehst du dich um
Hältst einen Augenblick inne
Doch noch bleibst du stumm
Und sammelst deine Sinne

Dann beginnt der Kontakt
Ein Lächeln erreicht die Augen
Wir schließen stumm einen Pakt
Dieser Tag, er wird uns taugen

Das Ende der Träume

Es war dies junge Mädchen
Noch nicht mal eine Frau
Sie scheint nicht viel zu brauchen
Ihre Welt ist rau

Sie ist siebzehn, achtzehn Jahr
Oder jünger noch
Jeder Tag bringt Gefahr
Sie liebt es doch

Oder hat das nur den Anschein
Die Augen sehen traurig aus
Als Mädchen entscheidet sie nichts allein
Sie gehört zu eines Fremden Haus

Sie sagt leise zu den anderen Frauen
Träume habe ich keine mehr
Lasst mich nach dem Essen schauen
Mein Mann wird heute wiederkehren

Ohne Träume steht das Kind
Die Schule verlassen
Wünsche verflogen im Sommerwind
Jeder Tag lässt sie weiter verblassen

Das Kind bekommt bald ein Baby
Und sicher noch viele mehr
Ich hoffe, sie wird leben
Und es wird nicht so schwer

Ich hoffe, sie findet etwas Liebe
Und vielleicht ein kleines Glück
Mit der Familie ein kleiner Friede
Es gibt keinen Weg zurück

Kleines Mädchen in Afrika
Viel zu schnell vergeht dein Leben
Zu wenig Zeit ist für dich da
Um Träume dir zu geben

Licht von innen

Bist du von Sinnen?
Was hast du vor?
Schreie hörst du und Stimmen
Verlangen Einlass durch dein Tor

Verloren scheint die reale Welt
Verloren der Zugang zu dir
Es gibt keinen Weg, der allen gefällt
Aber es braucht das Ich und das Wir

Halte inne, halte an
Geh jetzt etwas weniger schnell
Und du wirst erkennen, wann
Sprudelt in dir der starke Quell

Schaue auf das Licht von innen
Höre dir die Botschaft an
Und in dir tief drinnen
Weißt du: Ich will und ich kann

Lasse es ein wenig scheinen
Brauchst keine Lampen oder Kerzen
Auch wenn andere das meinen
Dein Licht kommt direkt vom Herzen

Zuversicht

Zuversicht im Herzen
Und dein Wunsch erfüllt sich
Glaub an dein Ziel
Und vertrau auf dich

Unerschrockenheit sei dein Begleiter
Vielleicht nennst du es Mut
Setz die Schritte ohne Hast
Das Ergebnis wird besser als gut

Such in der Stille deine Mitte
Geh im Kreis, um dich zu finden
Deine Sichten klug gewählt
Das Wichtige an dich zu binden

Hoffnung begleite deinen Weg
Mittelmaß versuche zu vermeiden
Bedeutsam seien deine Schritte
Die dich zum richtigen Ziel geleiten

Werde eins mit den Gedanken
Mit Sanftmut und Lebendigkeit
Glaub an dich und dein Sein
Der Weg, er ist nicht weit

Stehe immer für dich ein
Gleich was auch kommen mag
Wachse an den Hürden
Jeden neuen Tag

Der Dichter

Der Dichter malt die Worte
Zeichnet uns verwegene Orte
Zaubert Bilder aus wilden Farben
Berauscht mit tausend Gaben

Er erklimmt die höchsten Gipfel
Gibt uns Wurzeln und zeigt die Wipfel
Tiefste Tiefen und höchste Höhen
Der Refrain ist traumhaft schön

Dichter beschenk uns, beschreib die Welt
Wie hast du sie dir vorgestellt?
Mit Fantasie und Leichtigkeit
Machst Worte groß und Herzen weit

Mitten in den Wörtern wohnt der Dichter
Seht ihn und schaut die Lichter
Manchmal reicht ein einziger Reim
Und du bist in der Ferne daheim

Ein Gedicht reißt jede Mauer ein
Und lässt Menschen Seelen sein
Schein sich dann von Wahrheit trennt
Und das Ende für den Anfang brennt

Traumräuber

Traumräuber pflegt man sie zu nennen
Fabelwesen und Wolpertinger
Keiner kann sie klar benennen
Doch leider sind sie Schlafbezwinger

Diese sich in die Träume schleichen
Spielen ihre wilden Streiche
Wollen sich mit dem Tag vergleichen
Und sind besonders einfallsreiche

Schweiß auf der Stirn und feuchte Hände
Endlich nach langem Ringen erwacht
Schneller Atem spricht Bände
Noch nutzt der Alp-Räuber seine Macht

Traumräuber du verlierst die Kraft
Wenn den Traum du stiehlst
Du die Bedeutung so nicht schaffst
Wenn der Unruhe du befiehlst

Wie verliert der Alp die Angst
Wie kannst du dich aus ihm befreien
Wie kommst du raus, wenn du doch Bangst
Wie kannst du sein und ihn entzweien

Du bestimmt des Traumes Sinn
Traumräuber, du findest heute nichts
Ich gehe mit meiner Botschaft hin
Geradewegs den Weg des Lichts

Behalte meinen Traum bei mir
Beende ihn, wie ich es will
Es gibt kein Traumräubers Wir
Und heute Nacht ist er ganz still

Friedlich schlafen, friedlich träumen
Alles ist meine Welt allein
Heute werde ich aufräumen
Und ganz bei mir im Schlafe sein

Welt im Spiegel

Schau dich im Spiegel an
Verkehrte Welt
Alles ist falsch höre ich dich sagen
Welche Seite wage ich zu fragen

Ich ernte einen grimmigen Blick
Seitenverkehrt
Welcher nächste Schritt wird mein
Auf deiner Seite des Spiegels sein

Spazieren gehst durchs Städtchen
Im Schaufenster das Spiegelbild
Ich grins mich an
Ob lieb oder frech, ich nicht entscheiden
kann

Welche Seite wird die Wahrheit bringen
Werde ich die falsche Wahl aushalten?
Wenn ich auf der anderen Seite bin
Macht das Leben einen schrägen Sinn?

Hab einen Löffel blankgeputzt
Mein Gesicht erscheint darin
Wie von Zauberhand
Bin ich im Gegenland

Wandernd nachts im Sternenlicht
Im Tautropfen der Mond erscheint
Welches Universum ist denn wahr
Das hier oder das ich nicht zu Ende sah

Wie soll ein Mensch denn das verstehen
Meine Verwirrung stetig wächst
Kann ich in den Spiegel rein
Und werde ich dann ein anderer sein

Spielt es eine Rolle
Was die Wahrheit ist?
Das einzige, was zählt
Bin ich, die wählt

Mein Herz klopft laut und lauter
Mein Atem fast vergeht
Der Spiegel steht in Flammen
Die Beine drohen zu erlahmen

Den Schritt lenke ich zu dir hin
Unsicher ob ich richtig gehe
Still der Spiegelsee dort liegt
Zuversicht über Zweifel siegt

Die Stimme kann ich nicht mehr hören
Kein Geräusch die Richtung zeigt
Nichts erscheint jetzt wichtig
Der Weg, er ist richtig

Ich hebe meinen Fuß
Und statt hindurchzuschreiten
Stehe ich auf dem Spiegelsee
Glaub mir, ich bin im Dreh

Das Staunen betritt die Welt
So hab' ich das nicht geahnt
Gibt keine Welt dahinter, keins davor
Der Spiegel ist auch das Tor

Leise spüre ich es aufsteigen
Bevor das Kichern bricht sich Bahn
Ich lebe meine Spiegelwelt
Und bin mein einziger wahrer Held

Quantität

Ich schreibe dir ein Lieb-Gedicht
Und sag es dir dann ins Gesicht
Ich lieb dich immer mehr
Am neuen Tag nochmal so sehr

Dabei spielt die Qualität
Der Liebe keine Rolle
Es ist allein die Quantität
Die tolle

So viele Jahre
Trotz grauer Haare
Oder gar keine mehr
Wen stört das bitte sehr?

Wir sind mehr als seelenverwandt
Als hätte ich dich schon lang gekannt
Möchte dich noch lange lieben
Finde das gar nicht übertrieben

Quantität, da steh ich drauf
Unser Leben hat grad nen' Lauf
Trotzdem geht es Hand in Hand
Durch unser Lebensliebesland

Wunder geschehen

Wunder geschehen,
Wenn du drauf wartest
Selten gesehen
Dass du selbst startest

Bist du dein eigener Magier
Dann wirst du es wissen
Geschrieben war es auf Papier
Wurde dann zerrissen

Bleib stehen
Rühr dich nicht vom Fleck
Musst Probleme dann nicht sehen
Ist kein Gold, ist nur Dreck

Zieh die Decke über den Kopf
Und spiel Verstecken vor dir
Wirst dich fühlen wie ein Tropf
Verloren vor Blindheit schier

Wunder geschehen, wenn du sie rufst
Wenn du sie wandelst
Wenn du sie suchst
Und danach handelst

Wunder geschehen so viele
Wie Blumen am Wegesrand
Wichtig sind deine Ziele
Dann entdeckst du neues Land

Mache auf die Augen
Öffne deine Ohren
Sonst wirst du glauben
Du habest sie verloren

Die Wunder, die du findest
Sind der Weisheit Perlen
Die du zu Schnüren bindest
Damit sie dir nie fehlen

So trägst du sie bei dir
Jede wunderschön und rein
Ganz frei von allem hier
Die Welt bleibt staunend dein

Ist das ein Wunder?
Schaue zweimal hin
Deine Welt wird bunter
Und macht jetzt richtig Sinn

Vollkommen

Besser geht es nicht
Du bist makellos
Das perfekte Ergebnis
Unübertroffen

Ganz benommen
Bin ich in jeder Hinsicht
Verliebt ganz zweifellos
Du bist ein Erlebnis
Lieb, klar und offen

Ich strahle wie sieben Sonnen
Scheine im Strahlenlicht
Was machst du bloß?
Sei gewiss
Die Liebe hat getroffen

Lächeln, Lachen, Wonnen
Werde ich deiner angesichts
Die Liebe ist riesengroß
Es gibt kein Hindernis
Unser Sein ist heute geschlossen

Wohin wehst du denn?

Deine Ausstrahlung scheint zu singen
Ich höre sie genau
Kleine Glöckchen klingen
Doch klingt's nach Radau

Ich versuche dich zu erkennen
Du flirrst im Dunst
Ich kann dich nicht benennen
Meine Fantasie macht auf Kunst

Du scheinst zu verwehen
Schaffe es nicht dich zu halten
Meine Seele will vergehen
Geht nicht zu entfalten

Ich stoße bei dir an
Sehe die Ecken nicht
Ich taste, wo ich kann
Das Licht im Grau sich bricht

Ich spüre noch den Windhauch
Grad warst du noch da
Doch es geht wie mit Rauch
Gleich ist es nicht mehr wahr

Farben an dir
Verblassen zu Grau
Brücken zu mir
Werden ganz flau

Schon bist du fort
Ich ruf verzweifelt dir nach
Doch an diesem Ort
Mein Herz mir brach

Vertrauen

Das Leben stellt dir ein Bein?
Hast das Gefühl, du findest heut` nicht
heim?
Eine Nachricht, die dich umhaut
Dein gewohnter Weg, er ist verbaut

Manche Tage machen es schwer
Egal wie, du bemühst dich zu sehr
Doch alle Mühe ist vergebens
Versperren dir die Sicht des Lebens

Lass es fließen, lass es sein
Nimm es an, lass es rein
Manchmal ist es schlecht zu kämpfen
Es wird die Erwartungen nur dämpfen

Nimm dir die Zeit, die es braucht
Wirst sehen, dann löst es sich auch
Probleme bleiben klein
Werden rund und leichter sein

Du kannst sie zur Seite rollen
Du kannst nach Gefallen tollen
Und wieder herzhaft lachen
Über all die Lebenssachen

Leb wohl

Graue Nebel um mich her
Schemen lähmen
Alles ist so banal und schwer
Der Abgrund ist ein Schlund

In jeder Ecke sehe ich Schatten
Sie ziehen, ich fliehe
Ich drohe zu ermatten
Bin klein, krieche in mich rein

jeder Morgen ist müde und stumpf
Schlafen, nur schlafen
Stimmen sind leise und dumpf
So fern wie ein matter Stern

Es zerreißt mir das Herz
Die Mauer, eine Wand aus Trauer
Ich bin nur noch ein einziger Schmerz
Bin allein, möchte schreien

Du bist fort und kommst nie wieder
Kann nicht mehr hoffen, bin betroffen
Der Tod war der letzte Sieger
Es tut so weh, versink im Tränensee

Mein Liebster, ich werde dich wiedersehen
Das lässt mich leben, so gerade eben
Ich weiß, es wird weitergehen
Ich werde leben für dich und auch für mich

Maigrün

Fantasie beflügelt durch ein Wort
Maigrün
Farben finden ihren Hort
Im Grün

Grüne Schattierungen zu Hunderten
An Bäumen, Büschen und Gräsern
Farben, die bunten
Mal dicht, mal gläsern

Alle Regenbogentöne
Auch leuchtendes Weiß
Glänzende Blütenschöne
Wie Himbeereis

Gelbe und rote Farbenbälle
Mitten im Grün, dem satten
Flutende Farbenwellen
Ob glänzende oder matte

Maigrüne Frühlingsklänge
Maigrüne Frühlingsluft
Maigrüne Farbgesänge
Maigrüner Blütenduft

Frühlingserwachen
In der Erde gewartet
Und im farblichen Lachen
Gen Sonne gestartet

Kombi-Nation

Vorbei die Zeit der vielen Staaten
Vorbei die Zeit des langen Wartens
Lasst uns das Beste kombinieren
Und daraus was Besseres variieren
Kombi-Nation mit Bindestrich
Eine Welt für dich und mich

Wir brauchen keine Vollpension
Kein Harren auf Revolution
Lasst uns den Aufbau heute beginnen
Eine neue Welt gilt's zu gewinnen
Kombi-Nation heißt verbinden
Und altes Schlechtes zu verwinden

Du fragst: Gibt es eine Option
Vielleicht eine kleine Variation?
Natürlich! Es ist unsere Welt
Lasst uns gestalten, was uns gefällt
Sorgen für die, die es nicht gleich können
Unser Sein lebenswert leben und gönnen

Wir brauchen reichlich Information
Für manche eine Illustration
Der Weg in die neue Welt ist weit
Nicht viele sind dazu bereit
Trotz Hunger, Armut und Knechtschaft
Dem einen fehlt, der andere rafft

Lasst uns leben eine kleine Version
Lasst uns reisen auf Exkursion
Mut und Gemeinsamkeit überwinden die
Mauern
Es wird nichts geben, was wir bedauern
Die Vergangenheit ist für immer vorbei
Die Zukunft ist keine Zauberei

Der Schlüssel liegt in der Kommunikation
Dann gelingt die Kombi-Nation
Seien es Nationen oder nur wir zwei
Alles, was wir brauchen ist dabei
Die Reise beginnt, komm mit
Und mache schlicht den ersten Schritt

Schrei der Freiheit

Frei zu sein, braucht es wenig
In dir bist du dein König
Das klingt so einfach, ist es das
In dieser unserer Welt aus Glas

Die Freiheit schreit, ich kann sie hören
Der Ruf wird manchen Mensch verstören
Dies Ziel ist nicht leicht zu erreichen
Im Gegenteil, es wird vielleicht enttäuschen

Freiheit ist etwas, was gefüllt werden muss
Mit Themen, Leben und Genuss
Was genau verstehst du darunter?
Der Begriff ist ein bunter

Der eine sagt, Freiheit ist in mir drin
Meine Welt macht in mir Sinn
Mein Wille entscheidend ist
Ich finde, dass das die Freiheit frisst

Der Schrei der Freiheit manches nutzt
Was vielleicht auch die Welt beschmutzt
Was nutzt die Freiheit,
wenn du Hunger hast
Was nutzt das Leben im Palast

Es braucht die Liebe und das Sein
Dann wächst die und bleibt rein
Was für den einen schon zu viel
Bleibt für den anderen noch ein Spiel

Spiele damit, das ist nicht schlecht
Probiere was ist echtes Recht
Lass uns vereinen, was getrennt
Und wie weit sich dann die Freiheit dehnt

In dieser unserer Welt
Ist jeder Mensch sein eigener Held
Und damit wird Freiheit leicht
Weil keine Welt der anderen gleicht

Blutroter Mond

Bin heute lang aufgeblieben
Den Liebesgedanken ganz verschrieben
Sitz im Garten und schau hinauf
Warte, weiß nicht genau worauf

Hinter einer hellen Wolke
Die lang am Himmel schmollte
Kommt hervor ein blutroter Mond
Majestätisch er dort oben thront

Mein Herz erfüllt sich mit Staunen
Der Wind flüstert leis, ich hör sein Raunen
Ich bin sicher, unsere Blicke treffen sich
Dort auf Mond kreuzen sie sich

Wenn ich den Wind jetzt lenke
Mit Liebesschwüren beschenke
Wird er dann zu dir wehen
Sich für mich um dich drehen

Ich sende dir meinen Kuss
Er ist aus einem feinem Guss
Mein Name ist mit eingraviert
Auch die Umarmung ist notiert

Nimm den Blick nicht mehr vom Mond
Ein zweiter sich ganz sicher lohnt
Nimm den Windhauch dir zum Herz
Kopiere meinen Liebesvers

Unruhe ruhe still

Plagen will mich heute, die Unruhe
Gibt sich dabei Mühe, die Unruhe
Ich sag, schweig still du dummes Ding
Sie denkt, sie ist der King

in diesem meinen Universum
Weiß ich, sie ist im Irrtum
Alles muss heute schnelle gehen
Nichts will ich als selbstverständlich sehen

Geduld ist heute keine Stärke
Mit Eifer geht das Un- zu Werke
Ungeduld, Unvernunft, Unmöglichkeiten
Wollen sich im Kopf verbreiten

Der Kampf gegen meinen Schweinehund
Ist nicht nett, sitzt tief im Grund
Und grinst mich auch noch ganz schief an
Was habe ich mir angetan?

Alle meine Entspannungstricks
Helfen heute nicht
Lass die Gedanken laufen
Sollen sie woanders kaufen

Ich lasse sie einfach fließen
Das Schweigen schweigend genießend
Halte nichts und niemand auf
Schalte zurück in den leeren Lauf

Der Atem atmet etwas leiser
Bin sicher, die Gedanken werden weiser
Ich werde das Warten jetzt aushalten
Und mich noch vor dem Ziel entfalten

Auf diese Weise bleibt die Kraft
Die neue Energie beschafft
Bin wieder ganz bei mir
Hier ist mein Lebenselixier

Stern der Weisheit

Kern der Lebenszeit
Immer wartend und bereit
Seelen fliegen nur zu zweit

Stern der Weisheit
Leuchtet glänzend weit
Ohne Scheu und Verlegenheit

Fern die Unendlichkeit
Einsatzbereit
Erklärt sich die Wichtigkeit

Gern spür ich die Anwesenheit
Bei jeder sich bietenden Gelegenheit
Bin von Grenzen schon befreit

Lern die Wahrheit
Seh die Klarheit
Und die Welt hat Zeit

Ich liebe dich

Das Du ist nur ein kleines Wort
Doch es hallt in einem fort
Ungehört am fremden Ort

Das Ich fragt nach dem Kontakt
Es hat das Du mit eingepackt
Mein Herz schlägt in deinem Takt

Das Wir will gemeinsam spüren
Will das Ich im Du verführen
Öffnet unsere Herzenstüren

Dein Ich und mein Ich
Suche mich und finde dich
In unserem Sein inniglich

Ich liebe dich

Kein Blick

Du sitzt auf dem Barhocker,
Ich auf einem Stuhl
Du stehst auf der Treppe,
Ich unten ganz cool
Du stehst draußen vor dem Auto,
Ich bin noch drin
So geht's tagein, tagaus,
Schau genauer hin

Du suchst noch Schokolade,
Während ich an der Kasse warte
Ich will nach Haus, ist nachts um vier,
Du sagst, du trinkst noch schnell ein Bier
Ich brauche heute mehr als Worte,
Für dich ist alles gesagt
Wann haben wir zuletzt
Den Augen-Blick gewagt?

Du zappst im Fernsehen hin und her,
Ich sage dazu schon lang nichts mehr
Du spielst am PC ein Spiel,
Selbst deine Nähe ist zu viel
Du holst dir 'nen Kaffee,
Mich fragst du nicht einmal
Wir waren doch mal netter,

Das ist nicht mehr normal

Gestern hab ich nicht mal Tschüss gesagt
Ohne Kuss zum Schlafen, mich geplagt
Du hast unseren Jahrestag vergessen
Es fängt an, mich innerlich zu zerfressen

Guten Morgen Liebster, raune ich zu dir still
Ich sende es ganz leise und weiß nicht,
Ob ich dich will
Ich sehe in den Spiegel,
Sehe mich mit deinen Augen
Und das, was ich sehe,
Möchte ich so gern glauben

Heute Abend erwarte ich dich, empfange
Dich mit einem Lächeln
Das deine ist ein heiseres Versprechen
Du hast meine Lieblings-Schokolade
Eingekauft und eine Flasche Wein
Du hast an mich gedacht, kann das sein?

So geht es tagelang mit uns weiter,
Ein zögerliches Kennenlernen
Wo haben wir uns verloren,
Dürfen uns nicht mehr entfernen

Wir begegnen uns erneut,
Erkunden, was uns zwei erfreut
Ganz sacht nähern wir uns an,
Erinnern uns, wie es begann
Damit es nicht erneut geschieht,
Und jeder auf den anderen sieht

Mit Unsinn im Sinn

Ich denke vor mich hin
Weiß grad nicht wo ich bin
Gedanken laufen laut
Egal wohin man schaut

Das ist Unsinn
Kommt mir in den Sinn
Wo ist meine Wirklichkeit
Und bin ich dafür bereit?

Ein wenig muss ich grinsen
Versuch um die Ecke zu linsen
Weiß nicht was ich erwarte
Setz alles auf eine Karte

Manchmal muss man mutig sein
Erst dann kannst du dich befreien
Jeder Schritt wird vielleicht der erste
Ist leider oft der schwerste

Ich mach jetzt etwas, das unsinnig ist
Damit ihr das gleich einmal wisst
Jenseits jeder Vernunft
Wartet unsere Zukunft

Hab nur Unsinn im Sinn
Empfinde das als Gewinn
Werde mit Freuden heute losrennen
Und werde mich morgen besser kennen

Wer bestimmt, was Wahrheit ist?
Wer sagt, wer du wirklich bist?
Wer sieht in dein Herz hinein?
Ich! Werde immer bei dir sein

Lebenslang

Wenn zwei Menschen sich versprechen
Ganz am Anfang langsam gehen
Hoffen sie es nie zu brechen
Und sich lebenslang verstehen

Verliebte Liebe ist noch golden
Ätherisch leise
Gewünschte Zukunft, wie sie wollten
Begeben sich auf ihre Reise

Vielleicht wird es nicht lebenslang
Das wird ihnen auch nicht wichtig sein
Wichtig ist Liebe bislang
Im Du und ich zu zweit

Jeder Tag, der innig gelebt
Zueinander mit Vertrauen
Auf der siebten Wolke schwebt
Das auf dem wir Leben bauen

Spiegel-Perspektive

Der Blick in den Spiegel
Der Wahrheit sieben Siegel
In dieser Perspektive
Siehst nur das Ich, das Naive

Der Spiegel offenbart
Was lange dir gespart
Schau genauer hin
Finde deinen Sinn

Gibt es Alternativen
Frag mal nach dem Positiven
Warum denkst du schlecht
Das was du siehst ist echt

Es ist alles da
Glaub mir, es ist wahr
Fehlt nur die relative
Spiegel-Perspektive

Hinter deinem Spiegelbild
Bist du nach wie vor gewillt
Deiner Seele Hort zu finden
Und dich ans Leben hier zu binden

Dreh dich mal rechts und dann nach links
Siehst du deine geheimnisvolle Sphinx?
Dreh dich ganz herum
Sag etwas, bleib nicht stumm

Du darfst dich selbst lieben
So tun, als könntest du fliegen
Schau dich mit einem Lächeln an
So wie es kein anderer kann

Hab ein klein wenig Mut
Wirst sehen, es dämpft die Wut
Sie gibt dir Kraft
Du machst das ganz fabelhaft

Ein letzter Blick zum Spiegel hin
Du hast einen wichtigen Termin
Es ist dein kleines Privileg
Da ist ein neuer Lebensweg

Überholspur

Gestern fuhrst du auf große Reise
Der Abschied am Flughafen war so schwer
Schwierig ein Leben auf diese Weise
An manchen Tagen ganz verquer

Du bist beruflich selten daheim
Ich werde bald ein Jahr im Ausland sein
Kann so ein gemeinsames Leben gehen
Wenn wir uns nur so selten sehen

Es ist ein tolles Leben, haben beide Erfolg
Das was wir anfassen, wird Silber oder Gold
Doch meine Seele kann das nicht essen
Der Gedanke an Trennung hat mich
zerrissen

Muss einer sein Leben aufgeben
Damit beide glücklich sind?
Das wäre ein halbes Beziehungs-Leben
Das keiner von uns zweien bestimmt

Das ist meine Fantasie
Das ist meine ganze Sorge
Ich möchte doch nur Harmonie
Geborgen im Heute und morgen

Es kann keine Begegnung geben
Wenn wir sie nicht suchen
Wir wollen ein Unser-Leben
Lass es uns versuchen

Richtig ist das Ich und du
Doch es muss das Wir dazu
Wir planen eine Uns-Zeit ein
Das wird einfach herrlich sein

Unfair

Ich werde vor Wut nicht mehr
Könnte nur noch schreien
Du sagst, ich sei nicht fair!
Und solle doch verzeihen

Wie kannst du so sicher sein
In dem was du da sagst
Du kennst doch nur den Schein
Den du hier beklagst

Kannst du auch mich verstehen
Ist das nicht gerecht
Du kannst nicht einfach gehen
Ich glaube mir wird schlecht

Mehr als zehn Jahre
Sind wir zwei ein Paar
Das was ich jetzt erfahre
Ist mir nicht ganz klar

Treue nur im Herzen
Nur der Körper war fort?
Das soll mich nicht schmerzen
Du, du warst doch dort!

Eine einmalige Sache
Soll es gewesen sein
Und das sei jetzt die Rache
Ich fühle mich ganz klein

Ich will dich nicht verlieren
Ich habe mich verrannt
Drohe zu erfrieren
Hab ich dich denn gekannt?

Ich möchte von dir hören
Dass es dir nicht wichtig war
Sonst wird es uns zerstören
Das ist mir ganz klar

Lass uns erstmal atmen
Lass uns ruhiger sein
Ein kleines Weilchen warten
Dann kann ich vielleicht verzeihen

Ich liebe dich so sehr
Ich hoffe du mich auch
Mein Herz es ist so schwer
Wir schauen, was es braucht

Gemeinsam wollen wir gehen
Gemeinsam heißt das Ziel
Lass uns gemeinsam sehen
Da ist doch noch so viel

an Liebe...

Schrei nach Glück

Es hilft nicht zu schreien
Abrupt stehenzubleiben
Es ist gut zu weinen
Und einfach so im Fluss zu treiben

Weiter bringen wird's dich nicht
In der Warteschleife hängst du fest
Du spürst nur noch Druck und Pflicht
Dein Lachen hörst du leise und gepresst

Du sagst, du willst nur ein wenig Glück
Ein klein wenig vom Zuckergebäck
Du kannst es nicht haben das ganze Stück
Ich fürchte, das Beste ist längst weg

Darf ich nicht hoffen?
Fragst du mich leise
Ich sag's mal ganz offen
Geh auf deine Reise

Es kann sein, dass du grad nichts siehst
Doch nimm es in Kauf
Wenn eine Tür sich schließt
Geht eine andere auf

Vertrau auf deine Sinne
Und hab den Mut
Hör auf deine innere Stimme
Es wird wieder gut

Wenn du jetzt durchhältst
Und dich einlässt auf das Spiel
Einen Schritt nach vorne gehst
Erreichst du dein Ziel

Geh mit neuer Leichtigkeit
Blicke nicht zurück
Es ist nicht mehr weit
Dann greifst du dein Glück

Kopfkino

Regisseur eigener Träume sein
Kino im Kopf ist Fantasie
Wie zuckersüße Leckereien
einmal genascht, vergisst es nie

Kino im Kopf kann alles produzieren
Jeder Gedanke zur Wahrheit wird
Du solltest es mal ausprobieren
Es wird das was du willst passieren

Ein Erlebnis der besonderen Art
Eine Reise in dein Wunderland
Eine sachte oder wilde Fahrt
Hand in Hand am stillen Strand

Du kannst ganz für dich bleiben
Du kannst mit anderen feiern gehen
Du kannst es maßlos übertreiben
Und über alle Grenzen sehen

Deine Leinwand erscheint in deinen Farben
Dein Sound ist einfach wunderbar
Du wirst Helles ins Dunkle tragen
Alles wird jetzt sonnenklar

Kino im Kopf geht am Tag und in der Nacht
Hab keine Sorge, dass du erwachst
Ein Teil von dir hat das Steuerrad
Er leitet dich auf Traumesfahrt

Kino im Kopf
Gedanken werden frei
Ziehen zu den Wolken
Und du bist dabei

Künstler sein

Was wirklich Kunst ist
Ist das was du nie vergisst
Einmal gesehen
Einmal gehört
Kannst es verstehen
Hat dich betört

Kunst ist Seelenlicht
Mal ein Bild, mal ein Gedicht
Bringt zum Strahlen
Und zum Weinen
Kannst es bewahren
Lässt es scheinen

Kunst kommt wann sie will
Hat ihren ganz eignen Stil
Kannst sie nicht zwingen
Auch nicht verführen
Lass sie klingen
Wirst sie spüren

Du wirst es sehen
Wirst es verstehen
Brauchst die Unruh nicht
Kein Verzweifeln hier
Wirst sehen das Licht
Die Kunst ist nah bei dir!

Inhaltsverzeichnis

Gerne verweisen wir auf weitere Bücher aus dem Storycenter von Gisela Krämer:

Von Brummelbären und anderen Glückskeksen
Freuen auf morgen, Heute sein
Gedichte und Lyrik für die Liebe und die Freundschaft

Kaffeeträume
Wandernde Gedanken…
Gedichte und Lyrik für das Leben.

Von Manchmal-Engeln und anderen Wundern
12 Metaphern und Geschichten
Für Große und nicht mehr ganz Kleine

Von fröhlichen Kühen und anderen Freunden
12 Metaphern und Geschichten
Für Kleinere oder noch nicht ganz Große

www.storycenter.de